WORLD ALONE

MUNDO A SOLAS

Vicente Aleixandre

WORLD ALONE
MUNDO A SOLAS

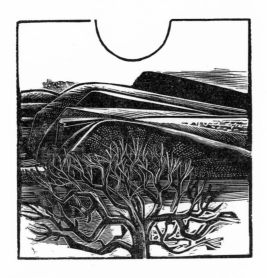

Translated by Lewis Hyde and David Unger
Original wood engravings by Michael McCurdy
Printed at Penmaen Press, Great Barrington

These translations have received an award from the Translation Center at Columbia University, made possible by a grant from the National Endowment for the Arts, an agency which provided funds as well to Penmaen Press for the publication of this book.

Grateful acknowledgment is made to *The Hawaii Review*, *The American Poetry Review*, *Poetry Now*, *Lumen / Avenue A* and *The Paris Review* where some of these translations first appeared.

The Spanish text of *World Alone* follows that of the first edition, published by Clan, Madrid (1950).

Regular edition ISBN 0-915778-41-6
Deluxe edition ISBN 0-915778-42-4

Library of Congress Catalogue Number
81-82308

Published by Penmaen Press, Ltd., Great Barrington, MA.

CONTENTS

Author's Introduction   *vii*   *Nota editorial del autor*

PART ONE

Man Doesn't Exist   11   *No existe el hombre*
The Tree   13   *El árbol*
Body Without Love   17   *Bulto sin amor* p.55 p.66.
Birds That Never Land   21   *Pájaros sin descenso* 64.
Under the Ground   23   *Bajo la tierra* p.63
Human Passion   27   *Humano ardor* p66.

PART TWO

It's Not Possible Now   35   *Ya no es posible*
The Victorious Sun   37   *El sol victorioso*
To Love   41   *Al amor* p57.
Heavenly Freedom   45   *Libertad celeste*
Love's Cutting Edge   47   *Filo del amor*

PART THREE

No Man's Land   55   *Mundo inhumano*
Suffering Love   57   *Tormento del amor* p.57.
Guitar or Moon   61   *Guitarra o luna*
Love Enraged   63   *El amor iracundo*
Nobody   67   *Nadie*
The Skies   71   *Los cielos*

NOTA EDITORIAL DEL AUTOR

EL PRESENTE LIBRO fué escrito en 1934-1936 y viene a colocarse, en el índice de los de su autor, entre La Destrucción o el amor *(1932-1933), al que inmediatamente sigue, y* Sombra del paraíso *(1939-1943), al que precede en varios años.*

Si en Sombra del paraíso, *de algún modo, el poeta entrevió un mundo primigenio, aurora del universo, donde el hombre un instante fué, pudo ser, cumplida su ansia de fuerza y de inmortalidad para las que nació, aquí, en algunos poemas de* Mundo a solas, *acaso se contemple el mundo presente, la tierra, y se vea que, en un sentido último, no existe el hombre. Existe sólo la sombra o residuo del hombre apagado. Fantasma de hombre, tela triste, residuo con nombre de humano. El mundo terrible, el mundo a solas, no lleva en su seno al hombre cabal, sino a lo que pudo ser y no fué, resto de lo que de la ultrajada vida ha quedado.*

Anterior en varios años a Sombra del paraíso, *visto con perspectiva en la obra general del poeta, este conjunto será acaso como un complemento del otro. Y si cronológicamente le antecede en composición y por tanto en estilo, en la sucesión posible de un mundo a expresar es posterior: consecuencia, tristeza, corolario; proyección de la realidad constatable y sin fin. Frente al combate de instantaneidad y eternidad que continuamente se funden en* Sombra del paraíso, *la perduración irredenta e inexplicable rueda a solas, bajo soles o lunas, "corazones sin nadie," que son "luz o nieve o meurte para los yertos hombres."*

Octubre de 1949

AUTHOR'S INTRODUCTION

THIS BOOK was written between 1934-1936; in the progression of the author's work it falls between *Destruction or Love* (1932-1933) and *The Shadow of Paradise* 1939-1943).

In *The Shadow of Paradise* the poet may somehow have glimpsed a primitive world, the dawn of the universe where, for a brief moment, man existed, where he may have existed once his hunger for strength and immortality — his birthright — had been satisfied. But here, in some of the poems of *World Alone,* the poet considers the present-day world, this earth, and sees that, in the end, man does not exist. Nothing exists but man's burned-out remains, his shadow. Ghost of a man, sad cloth, remains with the name human. The terrifying world, the world alone, does not carry a perfected man in his bosom, but only what could have been and was not, a vestige left over from a violated life.

Viewed from the perspective of the poet's work as a whole, this collection may seem to complement the one it preceeded, *The Shadow of Paradise.* And though chronologically *World Alone* is the earlier in composition — and, therefore, in style — it comes later in the possible development of a world to be given form: a consequence, a sorrow, a corollary; a portrait of what is unmistakably real and without end. In contrast to the struggle between Instant and Eternity which constantly fuse in *The Shadow of Paradise,* the unredeemed and inexplicable permanence rolls on all alone, beneath suns or moons, "hearts without people," that are "light or snow or death for the men who do not move."

October, 1949

Part One

NO EXISTE EL HOMBRE

Sólo la luna sospecha la verdad.
Y es que el hombre no existe.

La luna tantea por los llanos, atraviesa los ríos,
penetra por los bosques.
Modela las aún tibias montañas.
Encuentra el calor de las ciudades erguidas.
Fragua una sombra, mata una oscura esquina,
inunda de fulgurantes rosas
el misterio de las cuevas donde no huele a nada.

La luna pasa, sabe, canta, avanza y avanza sin descanso.
Un mar no es un lecho donde el cuerpo de un hombre puede
    tenderse a solas.
Un mar no es un sudario para una muerte lúcido.
La luna sigue, cala, ahonda, raya las profundas arenas.
Mueve fantástica los verdes rumores aplacados.
Un cadáver en pie un instante se mece,
duda, ya avanza, verde queda inmóvil.
La luna miente sus brazos rotos,
su imponente mirada donde unos peces anidan.
Enciende las ciudades hundidas donde todavía se pueden oír
(qué dulces) las campanas vividas;
donde las ondas postreras aún repercuten sobre los pechos
    neutros,
sobre los pechos blandos que algún pulpo ha adorado.

MAN DOESN'T EXIST

Only the moon suspects the truth.
And it's that man doesn't exist.

The moon feels its way over the fields and crosses the rivers,
it probes into the woods.
It gives a shape to the still warm mountains.
It runs into the heat from built-up cities.
It forms a shadow and kills a dark corner,
and its flashing roses flood
the mystery of the caves where nothing smells of anything.

The moon chants a tune and understands and moves
        and goes on and on without stopping.
An ocean isn't a bed where a man's body can stretch out all alone.
An ocean isn't a shroud to cover a shining death.
The moon keeps going, it scratches and soaks and sinks into
        the packed sand.
It gives the calm green murmurs an incredible motion.
A corpse stands up and sways for a moment,
he wavers and then goes on. He stops, green and still.
The moon alters his broken arms,
his stern gaze where some fish are nestling.
The moon sets fire to the sunken cities where you can still hear
(how pleasing!) the clear bells;
where the last ripples still echo over the neuter breasts,
over the soft breasts that some octopus adored.

Pero la luna es pura y seca siempre.
Sale de un mar que es una caja siempre,
que es un bloque con límites que nadie, nadie estrecha,
que no es una piedra sobre un monte irradiando.

Sale y persigue lo que fuera los huesos,
lo que fuera las venas de un hombre,
lo que fuera su sangre sonada, su melodiosa cárcel,
su cintura visible que a la vida divide,
o su cabeza ligera sobre un aire hacia oriente.

Pero el hombre no existe.
Nunca ha existido, nunca.
Pero el hombre no vive, como no vive el día.
Pero la luna inventa sus metales furiosos.

EL ÁRBOL

El árbol jamás duerme.
Dura pierna de roble, a veces tan desnuda quiere un sol muy
     oscuro.
Es un muslo piafante que un momento se para,
mientras todo el horizonte se retira con miedo.

Un árbol es un muslo que en la tierra se yergue como la erecta
     vida.
No quiere ser ni blanco ni rosado,
y es verde, verde siempre como los duros ojos.

But the moon is always pure and dry.
It comes from an ocean that's always a container,
that's a block of stone whose limits no one, no one can cut down,
an ocean that isn't a rock glowing on a mountain top.

The moon comes out and chases what used to be a man's bones,
what used to be his blood vessels,
what used to be his sonorous blood, his prison full of songs,
his visible waist that divides life,
or his light head going east on the wind.

But man doesn't exist.
He has never existed, never.
But man doesn't live, as the day doesn't live.
But the moon invents his furious metals.

THE TREE

The tree never sleeps.
Strong leg of oak, sometimes so naked it wants a sun
   that's very dark.
It's a thigh that stamps the ground and then pauses a moment
while the whole horizon retreats in fear.

A tree is a thigh that grows on the earth like life standing up.
It doesn't want to be white or pink
and it's green, always green like hard eyes.

Rodilla inmensa donde los besos no imitarán jamás falsas
   hormigas.
Donde la luna no pretenderá ser un sutil encaje.
Porque la espuma que una noche osara hasta rozarlo
a la mañana es roca, dura roca sin musgo.

Venas donde a veces los labios que las besan
sienten el brío del acero que cumple,
sienten ese calor que hace la sangre brillante
cuando escapa apretada entre los sabios músculos.

Sí. Una flor quiere a veces ser un brazo potente.
Pero nunca veréis que un árbol quiera ser otra cosa.
Un corazón de un hombre a veces resuena golpeando.
Pero un árbol es sabio, y plantado domina.

Todo un cielo o un rubor sobre sus ramas descansa.
Cestos de pájaros niños no osan colgar de sus yemas.
Y la tierra está quieta toda ante vuestros ojos;
pero yo sé que ella se alzaría como un mar por tocarle.

En lo sumo, gigante, sintiendo las estrellas todas rizadas sin un
   viento,
resonando misteriosamente sin ningún viento dorado,
un árbol vive y puede pero no clama nunca,
ni a los hombres mortales arroja nunca su sombra.

Immense knee where kisses will never try to act like false ants.
Where the moon won't pretend to be a piece of fine lace.
Because the white foam that might dare graze it one night
is stone in the morning, hard stone without moss.

Where sometimes the lips that kiss the blood vessels
can feel the shine of the blade that does its duty,
and feel that heat the brilliant blood gives off
as it slips away, squeezed between the wise muscles.

Yes. Sometimes a flower wants to be a mighty arm.
But you'll never see a tree that wants to be anything else.
Sometimes a man's heart pounds with sound.
But a tree is wise and rules where it's rooted.

The whole sky or a blush rests on its branches.
The baskets of baby birds are afraid to hang from its buds.
And the earth is all still before your eyes.
But I know she could swell up like a sea and touch it.

At the top, gigantic, feeling all the stars curled without wind,
making a mysterious music with no golden wind,
a tree is alive and it can cry out but never does,
and it never casts its shadow for men, who must die.

BULTO SIN AMOR

Basta, tristeza, basta, basta, basta.

No pienses más en esos ojos que te duelen,
en esa frente pura encerrada en sus muros,
en ese pelo rubio que una noche ondulara.

¡Una noche! Una vida, todo un pesar, todo un amor, toda una
    dulce sangre.
Toda una luz que bebí de unas venas,
en medio de las noches y en los días radiantes.

Te amé. No sé. No sé qué es el amor.
Te padecí gloriosamente como a la sangre misma,
como el doloroso martillo que hace vivir y mata.

Sentí diariamente que la vida es la muerte.
Supe lo que es amar porque morí a diario.

Pero no morí nunca. No se muere. Se muere . . .
Se muere sobre un aire, sobre un hombro no amante.
Sobre una tierra indiferente para los mismos besos.

Eras tan tierna; eras allí, remotamente, hace mucho,
eras tan dulce como el viento en las hojas,
como un montón de rosas para los labios fijos.

BODY WITHOUT LOVE

Enough, sadness, enough is enough.

Stop thinking about those eyes that hurt you,
the clear mind enclosed in its walls,
or that blond hair rippling in the night.

That night! That life, all grief, all love, all one sweet blood.
All light I drank from someone's veins,
throughout the night and on sunny days.

I loved you . . . I don't know. I don't know what love is.
I suffered you in glory the way we suffer blood,
or the painful hammer that gives life, then kills.

Day after day, I knew life is death.
I discovered what love is, dying every day.

But I never died. We don't die. We die . . .
We die on a gust of wind or a shoulder that doesn't care.
On an earth that even kisses could not arouse.

You were so soft. There you were, far off, long ago.
You were as fresh as the wind in the leaves,
like a pile of roses for my waiting lips.

Después, un rayo vengativo, no sé qué destino enigmático,
qué luz maldita de un cielo de tormenta,
descargó su morado relámpago sobre tu frente pura,
sobre tus ojos dulces,
sobre aquellos labios tempranos.

Y tus ojos de fósforo lucieron sin espera,
lucieron sobre un monte pelado sin amores,
y se encendieron rojos para siempre en la aurora,
cielo que me cubriera tan bajo como el odio.

¿Quién eres tú? ¿Qué rostro es ese, qué dureza diamantina?
¿Qué mármol enrojecido por la tormenta
que los besos no aplacan, ni la dulce memoria?
Beso tu bulto, pétrea rosa sin sangre.
Tu pecho silencioso donde resbala el agua.
Tu rostro donde nunca brilla la luz azul,
aquella senda pura de las blandas miradas.
Beso tus manos que no vuelan a labios.
Beso su gotear de un cielo entristecido.
Pero quizá no beso sino mis puras lágrimas.

Esta piedra que estrecho como se estrecha un ave,
ave inmensa de pluma donde enterrar un rostro,
no es una ave, es la roca, es la dura montaña,
cuerpo humano sin vida a quien pido la muerte.

But then, a spiteful bolt of lightning, an end I could not explain,
a wicked light in a brewing sky
threw its purple ray down on your clear mind,
on your gentle eyes,
on those unprepared lips.

And your eyes flared up immediately, like matches,
they shone over a hillside stripped bare of love,
and burned red forever as the day broke,
a sky, as low as hate, that covered me.

Who are you? What face, what diamond hardness?
What storm-colored marble, turned so red
neither kisses nor sweet memory can soothe it?
I kiss your body, calcified and bloodless rose,
your silent breast where the water slides,
your face where the blue light—that fresh path
of gentle eyes—never shines.
I kiss your hands that won't fly to my lips.
I kiss the drops that fall from a saddened sky.
But maybe I'm only kissing my own pure tears.

I hold this stone the way we hold a bird,
a bird with huge feathers where a face could be buried.
It isn't a bird, it's a rock, a hard mountain,
a lifeless human body I am asking for my death.

PÁJAROS SIN DESCENSO

Un pelo rubio ondea.
Se ven remotas playas, nubes felices, un viento así dorado
que enlazaría cuerpos sobre la arena pura.
Pájaros sin descenso por el azul se escapan.
Son casi los deseos, son casi sus espumas.
Son las hojas de un cielo radiante de belleza,
en el que mil gargantas cantan la luz sin muerte.

Un hombre ve, presencia. Un hombre vive, duerme.
Una forma respira como la mar sacude.
Un pecho ondula siempre casi azul a sus playas.

No, no confundáis ya el mar, el mar inerte, con un corazón
   agitado.
No mezcléis nunca sangre con espumas tan libres.
El color blanco es ala, es agua, es nube, es vela;
pero no es nunca rostro.
Pero no es nunca, nunca, un latido de sangre,
un calor delicado que por un cuerpo corre.

Por eso,
tirado ahí, en la playa.
Tirado allá después en el duro camino.
Tirado más allá, en la enorme montaña,
un hombre ignora el verde piadoso de los mares,

BIRDS THAT NEVER LAND

A blond hair ripples like a wave.
There are distant beaches, happy clouds, a wind so full of gold
it could lace bodies together on the pure sand.
Birds that never land escape through the blue.
They are almost desire, almost its whitecaps.
They are the leaves of a sky on fire with beauty
where a thousand voices sing of light that has no death.

A man sees, he watches. He lives, he sleeps.
A form breathes the way the sea tosses.
A breast heaves endlessly along its nearly blue shore.

No, don't confuse the sea, the sluggish sea,
    with an excited heart.
Never mix blood with such free waves.
The color white is wing, water, cloud, sail;
but it's never a face.
But it's never, never a shock of blood,
a gentle heat running through the body.

Therefore,
thrown there on the beach,
thrown later on the hard road,
thrown still farther on the huge mountain,
a man doesn't know the merciful green of the seas,

ignora su vaivén melodioso y vacío
y desconoce el canon eterno de su espuma.

Sobre la tierra yace como la pura yerba.
Un huracán lo peina como a los grandes robles.
Sus brazos no presencian la llegada de pájaros.
Pájaros sin descenso son blancos bajo el cielo.

BAJO LA TIERRA

No. No. Nunca. Jamás.
Mi corazón no existe.
Será inútil que vosotros, uno a uno, como árboles desnudos,
paséis cuando la tierra gira.
Inútil que la luz suene en las hojas como un viento querido
e imite dulcemente un corazón que llama.

No. Yo soy la sombra oscura que en las raíces de los árboles
se curva como serpiente emitiendo una música.
Serpiente gruesa que como tronco de árbol
bajo tierra respira sin sospechar un césped.

Yo sé que existe un cielo. Acaso un Dios que sueña.
Sé que ese azul radiante que lleváis en los ojos
es un cielo pequeño con un oro dormido.

Bajo tierra se vive. La humedad es la sangre.
Hay lombrices pequeñas como niños no nacidos.

doesn't know the rhythm of their lazy melody,
and he forgets the eternal lesson of their waves.

He lies on the ground like the pure grass.
A hurricane combs him the way it combs great oaks.
His arms do not witness the birds as they arrive.
Birds that never land are white beneath the sky.

UNDER THE GROUND

No. No. No more. Never.
My heart doesn't exist.
It would be useless for all of you to pass by,
one by one, like leafless trees, when the earth turns.
Useless for the light to hum in the leaves like a wind we love
and sweetly pretend to be a heart that calls out.

No. I am the dark shadow coiled among tree roots
like a serpent sending out music.
A fleshy snake who, like a tree trunk under the ground,
breathes and never suspects there's grass up above.

I know the sky exists. Maybe a God who dreams.
I know the radiant blue you carry in your eyes
is a small sky with gold sleeping in it.

We live underground. The moisture is blood.
There are tiny earthworms like unborn children.

Hay tubérculos que hacia dentro crecen como las flores.
Ignoran que en lo sumo y en libertad los pétalos
son rosas, amarillos, carmines o inocentes.

Hay piedras que nunca serán ojos. Hay yerbas que son
  saliva triste.
Hay dientes en la tierra que en medio de los sueños
se mueven y mastican lo que nunca es el beso.

Debajo de la tierra hay, más honda, la roca,
la desnuda, la purísima roca donde sólo podrían vivir seres
  humanos,
donde el calor es posible a las carnes desnudas
que allí aplicadas serían flores soberbias, límpidas.

Hay agua bajo la tierra. Agua oscura, ¿sabéis?
Agua sin cielo.
Agua que muda espera por milenios el rostro,
el puro o cristalino rostro que se refleje,
o ese plumón de pájaro que rasga un cielo abierto.

Más hondo, más, el fuego purifica.
Es el fuego desierto donde nunca descienden.
Destierro prohibido a las almas, a las sombras.
Entrañas que se abrasan de soledad sin numen.

No sois vosotros, los que vivís en el mundo,
los que pasáis o dormís entre blancas cadenas,

There are tubers that blossom inward like flowers.
They don't know that the petals above them are free to be
pinks, yellows, carmines, or harmless.

There are stones that will never be eyes; grasses that are sad saliva.
And teeth in the earth that stir during dreams
and chew something that's never a kiss.

Under the ground there is, still deeper, the rock,
the bare, most pure rock where only human beings could live,
where warmth is possible for naked bodies
which, placed there, would be proud, clear flowers.

There is water under the ground. Dark water, see?
Water with no sky.
Water that silently waits millenniums for the face,
the pure or crystalline face that is reflected,
or the feather that rips through an open sky.

Deeper, much deeper, the fire purifies.
It is the wilderness fire to which no one descends.
An exile forbidden to souls, forbidden to shadows.
Bowels that burn with an unholy solitude.

It won't be you, all of you who live in the world,
you who walk or sleep among white chains,

los que voláis acaso con nombre de poniente,
o de aurora o de cénit,
no sois los que sabréis el destino de un hombre.

HUMANO ARDOR

Navío sosegado que boga por un río,
a veces me pregunto si tu cuerpo es un ave.
A veces si es el agua, el agua o el río mismo;
pero siempre te estrecho como voz entre labios.

Besarte es pronunciarte, oh dicha, oh dulce fuego dicho.
Besarte es pronunciarte como un calor que del pecho surtiera,
una dulce palabra que en la noche relumbra.

Pero tú, tan hermosa, tienes ojos azules,
tienes pestañas donde pájaros vuelan,
donde un canto se enreda entre plumas o alas
que hacen azul la aurora cuando la noche cede.

¡Oh hermosa, hermosa! Te vi, te vi pasar arrebatando la
    realidad constante,
desnuda como la piedra ardiente,
blanda como las voces de las flores tocadas,
amarilla en el día sin un sol que no osara.

you who may fly under the name of West,
or The Dawn or Noon,
it won't be you who'll come to know the fate of a man.

HUMAN PASSION

Peaceful boat sailing down a river,
I sometimes wonder if your body is a bird.
Sometimes if it's water, the water or the river itself;
but always I hold you the way my lips hold my voice.

To speak your name is to kiss you, my joy, oh sweetly
    spoken flame.
To kiss you is to speak your name, like heat sprouting from
    my chest,
a sweet word that gives off light in the night.

But your eyes are blue, my beauty,
birds are flying in your eyelashes
where a song gets tangled in feathers or wings
that turn the morning blue as the night recedes.

My beauty! I saw you leave, I saw you lure away
    the changeless world,
naked like the burning rock,
soft like the voices of plucked flowers,
yellow by day where there is no sun that won't come out.

Tus labios son esa suave tristeza que ciega cuando alguien
    pone su pobre boca humana;
eran, no una palabra,
sino un sueño mismo,
su imperioso mandato que castiga con beso.

Morir no es aquel nombre que de niño pasaba,
pasaba como un hada enlutada y sin ruido.
No es esa noche lóbrega, cuando el lobo lamía
la mano que, amarilla, es sarmiento en la hoguera.

Morir no es ese pelo negrísimo que ondea,
ese azul tenebroso que en una roca yace.
Ese brillo fatal donde la luna choca
y salta como acero que ese otro acero escupe.

Morir, morir es tener en los brazos un cuerpo
del que nunca salir se podrá como hombre.
Pero acaso quedar como gota de plomo,
resto en tierra visible de un furor soberano.

Pero tú que aquí descansas como descansa la luz en la tarde
    de estío,
eres soberbia como el desnudo sin árboles,
violenta como la luna enrojecida
y ardiente como el río que un volcán evapora.

Your lips are the soft sadness that leaves a man blind when
     he puts them to his wretched mouth;
they were never a word,
they were their own dream,
their royal command that punishes with a kiss.

Dying isn't the name that went by in childhood,
passing without a sound like a fairy dressed in mourning.
It isn't that gloomy night when the wolf licked
the hand whose yellow is a vine in the fire.

Dying isn't the pitch black hair rippling like a wave,
a muddy blue buried inside a rock,
a deadly gleam where the moon collides
and jumps like steel spit out by some other steel.

Dying, dying is holding a body in your arms
that no one could leave looking like a man.
But you might stay on, like a drop of lead,
the ashes of a great frenzy left out in the open.

But you who settle here the way the light settles on a
     summer afternoon,
you're as striking as a woman, naked without trees,
violent like the red moon
and burning like the river a volcano turns to steam.

Pero yo te acaricio sabiendo que la vida resiste más que el fuego,
que unos dientes se besan, se besan aun sin labios,
y que, hermosa o terrible, aves enfurecidas
entre pestañas vuelan, y cantan, o aún me llaman.

But I caress you knowing life is stronger than fire,
knowing that some teeth kiss, kiss even without lips,
and — my beauty, my terror — I know the enraged birds
fly through your eyelashes, singing or still calling my name.

Part Two

YA NO ES POSIBLE

No digas tu nombre emitiendo tu música
como una yerta lumbre que se derrama,
como esa luna que en invierno reparte
su polvo pensativo sobre el hueso.

Deja que la noche estruje la ausencia de la carne,
la postrera desnudez que alguien pide;
deja que la luna ruede por las piedras del cielo
como un brazo ya muerto sin una rosa encendida.

Alguna luz ha tiempo olía a flores.
Pero no huele a nada.
No digáis que la muerte huele a nada,
que la ausencia del amor huele a nada,
que la ausencia del aire, de la sombra huelen a nada.

La luna desalojaba entonces, allá, remotamente, hace mucho,
desalojaba sombras e inundaba de fulgurantes rosas
esa región donde un seno latía.

Pero la luna es un hueso pelado sin acento.
No es una voz, no es un grito celeste.
Es su dura oquedad, pared donde sonaban,
muros donde el rumor de los besos rompía.

IT'S NOT POSSIBLE NOW

Don't say your name, sending your music out
like a frozen firelight that overflowed,
like a winter moon that scatters
its thoughtful dust over the bone.

Let the night squeeze the absence of flesh,
that final nakedness someone begs for.
Let the moon roll over the stones in the sky
like an arm already dead with no burning rose.

Once there was a light that smelled of flowers.
But it smells like nothing.
Don't say that death smells like nothing,
that the absence of love smells like nothing,
that the absence of air or shadow smells like nothing.

Then the moon moved in, far away, long ago;
it threw out the shadows and flooded with flashing roses
the place where a breast once beat with blood.

But the moon is a skinned and toneless bone.
It isn't a voice, a cry from above.
It's its own hard cavity, a wall where kisses once echoed,
courtyard where the murmur of kisses used to break.

Un hueso todavía por un cielo de piedra
quiere rodar, quiere vencer su quietud extinguida.
Quiere empuñar aún una rosa de fuego
y acercarla a unos labios de carne que la abrasen.

EL SOL VICTORIOSO

No pronuncies mi nombre
imitando a los árboles que sacuden su triste cabellera,
empapada de luna en las noches de agosto
bajo un cielo morado donde nadie ha vivido.

No me llames
como llama a la tierra su viento que no la toca,
su triste viento u oro que rozándola pasa,
sospechando el carbón que vigilante encierra.

Nunca me digas que tu sombra es tan dura
como un bloque con límites que en la sombra reposa,
bloque que se dibuja contra un cielo parado,
junto a un lago sin aire, bajo una luna vacía.

El sol, el fuerte, el duro y brusco sol que deseca pantanos,
que atiranta los labios, que cruje como hojas secas entre los
    labios mismos,
que redondea rocas peladas como montes de carne,
como redonda carne que pesadamente aguanta la caricia tremenda,
la mano poderosa que estruja masas grandes,

A bone still wants to roll over a stony sky,
it wants to beat back its muffled silence.
It even wants to grab a fiery rose
and bring it to someone's lips to burn it dry.

THE VICTORIOUS SUN

Don't speak my name, pretending
you're those trees that shake their sad, hairy heads,
drenched with moonlight on August nights
under a purple sky where no one has lived.

Don't call me
the way the wind calls to the earth without touching it,
the sad wind or gold that grazes it and goes on,
thinking of the coal that's carefully confined.

Never tell me that your shadow is as hard
as a cut slab of stone resting in the shade,
a slab that stands out against a still sky,
on the edge of a windless lake, under an empty moon.

The sun, the strong, hard and rough sun that dries up swamps,
that tightens lips, that rustles like dry leaves between
    those lips,
that smooths barren rocks like heaps of flesh,
like rounded flesh which sluggishly carries the huge caress,
the powerful hand that crushes great masses,

que ciñe las caderas de esos tremendos cuerpos
que los ríos aprietan como montes tumbados.

El sol despeja siempre noches de luna larga,
interminables noches donde los filos verdes,
donde los ojos verdes,
donde las manos verdes
son sólo verdes túnicas, telas mojadas verdes,
son sólo pechos verdes,
son sólo besos verdes entre moscas ya verdes.

El sol o mano dura,
o mano roja, o furia, o ira naciente.
El sol que hace a la tierra una escoria sin muerte.

No, no digas mi nombre como luna encerrada,
como luna que entre los barrotes de una jaula nocturna
bate como los pájaros, como quizá los ángeles,
como los verdes ángeles que en un agua han vivido.

Huye, como huiría el pantano que un hombre ha visto formarse
   sobre su pecho,
crecer sobre su pecho,
y ha visto que su sangre como nenúfar surte,
mientras su corazón bulle como oculta burbuja.

Las mojadas raíces
que un hombre siente en su pecho, bajo la noche apagada,

that clasps the hips of those huge bodies
which rivers squeeze as if they were fallen hillsides.

The sun always clears away the long-mooned nights,
unending nights where green blades,
green eyes,
green hands,
are nothing but green robes, wet green fabrics,
nothing but green breasts,
green kisses among already green flies.

The sun or the rough hand,
or red hand, or fury, or rising anger.
The sun that makes the earth a piece of slag that won't die.

No, don't say my name as if it were an imprisoned moon,
a moon that flaps about inside the bars of a night cage
like birds, maybe like angels,
like those green angels who have lived in water.

Get away, get away like the swamp that a man has seen
    forming on his chest,
swelling over his chest,
a man who's seen his blood sprout like a white water lily,
while his heart boils like a hidden bubble.

The damp roots
that a man feels in his chest, beneath the extinguished night,

no son vida ni muerte, sino quietud o limo,
sino pesadas formas de culebras de agua
que entre la carne viven sin un musgo horadado.

No, no digas mi nombre,
noche horrenda de agosto, de un imposible enero;
no, no digas mi nombre,
pero mátame, oh sol, con tu justa cuchilla.

AL AMOR

Un día para los hombres llegaste.
Eras, quizá, la salida del sol.
Pero eras más el mar, el duro, el terso, el transparente,
   amenazante mar que busca orillas,
que escupe luces, que deja atrás sus peces sin espinas
y que rueda por los pies de unos seres humanos,
ajeno al dolor o a la alegría de un cielo.

Llegaste con espuma, furioso, dulce, tibio, heladamente ardiente
   bajo los duros besos
de un sol constante sobre la piel quemada.

El bosque huyó, los árboles volaron.
Una sombra de pájaros oscureció un azul intangible.
Las rocas se cubrieron con un musgo de fábula.
Y allá remotamente, invisibles, los leones durmieron.

are neither life nor death, but peace or mud
or the heavy shapes of snakes made of water
that live in the flesh that has no burrowed moss.

No, don't say my name,
hideous night in August or an unbearable January;
no, don't say my name,
but kill me, oh sun, with your impartial blade.

TO LOVE

One day you appeared for men.
You could have been the sun rising.
No, you were more like the sea, cut off from a sky's pain
    or happiness,
the hard, glossy, transparent and threatening sea that hunts
    for beaches,
spitting out light, leaving behind its boneless fish,
and swirling around the feet of human beings.

You arrived in surf, furious, sweet, warm, coolly insistent
    beneath the harsh kisses
of a sun shining tirelessly over the burnt skin.

The forest fled, the trees flew away.
A shadow of birds darkened the untouchable blue.
The rocks covered themselves with a fairy tale moss.
And there, hidden in the distance, the lions slept.

Delicado, tranquilo, con unos ojos donde la luz nunca todavía
  brilló,
ojos continuos para el vivir de siempre,
llegaste tú sin sombra, sin vestidos, sin odio,
suave como la brisa ligada al mediodía,
violento como palomas que se aman,
arrullador como esas fieras que un ocaso no extingue,
brillador en el día bajo un sol casi negro.

No, no eras el río, la fuga, la presentida fuga de unos potros
  camino del oriente.
Ni eras la hermosura terrible de los bosques.
Yo no podía confundirte con el rumor del viento sobre el césped,
donde el rotsro de un hombre oye a la dulce tierra.

Lejos las ciudades extendían sus tentaculares raíces,
monstruos de Nínive, megaterios sin sombra,
pesadas construcciones de una divinidad derribada entre azufres,
que se quema convulsa mientras los suelos crujen.

Pero tú llegaste imitando la sencilla quietud de la montaña.
Llegaste como la tibia pluma cae de un cielo estremecido.
Como la rosa crece entre unas manos ciegas.
Como un ave surte de una boca adorada.
Lo mismo que un corazón contra otro pecho palpita.

Delicate, quiet, with eyes still unaccustomed to their light,
steady eyes for everyday life,
you came with no shadow, no clothing, no hatred,
smooth like the breeze sewn into the afternoon,
violent like two doves in love,
soothing like wild beasts a sunset cannot extinguish,
glistening in the day under an almost black sun.

No, you weren't the river, the escape, the inevitable escape of
    ponies heading east.
Nor were you the forests with their terrifying beauty.
I couldn't mistake you for the sound of wind in the grass
where a man's face can listen to the sweet earth.

Far away the cities stretched their roots like tentacles,
monsters of Nineveh, huge shadowless sloths,
heavy constructions of a divinity collapsed into brimstone
and consumed in convulsions while the soil crackles.

But you came imitating the mountain's quiet solitude.
You came the way a warm feather drops from a thundering sky.
The way a rose grows from someone's blind hands.
The way a bird flies from a lover's mouth.
Just like a heart that beats against someone else's breast.

El mundo, nadie sabe donde está, nadie puede decidir sobre
   la verdad de su luz.
Nadie escucha su música veloz, que canta siempre cubierta
por el rumor de una sangre escondida.

Nadie, nadie te conoce, oh Amor, que arribas por una escala
   silenciosa,
por un camino de otra tierra invisible.
Pero yo te sentí, yo te vi, yo te adiviné.
A tí, hermosura mortal que entre mis brazos luchaste,
mar transitorio, impetuoso mar de alas furiosas como besos.
Mortal enemigo que cuerpo a cuerpo me venciste,
para escapar triunfante a tu ignorada patria.

LIBERTAD CELESTE

¡Ah la frente serena!
Quisiera yo saber
que la frente ya exenta de un cuerpo que no es aire
arriba ondea donde la luz existe,
arriba hiere cielos que generosamente
dan sus vidas azules como la lluvia fresca.

Dejadme, sí, dejadme.
El corazón ansía,
ansía bajo tierra perecer como luna,
como la seca luna que se clava en el suelo:
un poniente durísimo que de un golpe se incrusta.

No one knows where the world is, no one can say if it has
    the true light.
Beneath the noise of a hidden blood, no one hears
the swift music it is constantly playing.

No one, no one knows you, Love. You come up a silent ladder,
along a road from a different and invisible land.
But I could feel you, I saw you, I guessed you were there.
You, mortal beauty who struggled in my arms,
changing sea, sea thrashing with wings as furious as kisses.
Mortal enemy who fought me hand to hand and won,
escaping in triumph to your undiscovered land.

HEAVENLY FREEDOM

Such a calm face!
I would like to know
that the face, already free of a body that isn't air,
is swaying up above where there is light,
wounding the skies that generously
give up their blue lives like fresh rain.

Leave me, yes, leave me alone.
The heart longs —
under the ground it longs to perish like a moon,
like the dry moon that's been nailed to the ground:
a hard sunset that's suddenly encrusted with stone.

El corazón mataría a la tierra,
mataría como un amor que estrecha o asfixia un cuerpo odiado,
un cuerpo que se rinde desangrándose vivo
mientras se besan labios o burbujas de muerte.

Pero arriba la cabeza se evade.
Belleza soberana, majestad de la frente,
piel serena de oriente donde un sol se retrata,
donde un sol tibiamente se ciñe como un brazo,
una piel fina, amada, de una mujer desnuda.

¡Cielo redondo y claro donde vivir volando,
donde cantar batiendo unos ojos que brillan,
donde sentir la sangre como azul firmamento
que circula gozoso copiando mundos libres!

FILO DEL AMOR

Cuando te miro, monte o diminuta rosa,
cuando te tengo, montaña azulada que contra mi pecho estrecho,
mariposa que llega ligera como el amor,
como dos labios reales que en el cielo se extienden.

Cuando miro tu dulce forma extendida,
tu sueño vigilante en que la misma sonrisa no engaña,
cuerpo que me parece montón de trigo núbil,
fruto que duerme en tierra dorado como la dicha . . . .

The heart could kill the ground,
kill it like a love that hugs or smothers a hateful body,
a body that exhausts itself with lively bleeding
while lips or death-bubbles kiss.

But up above the head slips away.
The greatest beauty, the majesty of a face,
the calm skin to the east where sunlight is reflected,
where a sun circles itself with heat like an arm,
the loved and delicate skin of a naked woman.

Round and clear sky where a man could live, flying,
where he could sing, flapping his shining eyes,
where he could feel the blood like a blue firmament
that flows joyfully, copying worlds set free!

LOVE'S CUTTING EDGE

When I look at you, mountain or tiny rose,
when I hold you, blue mountain pressed to my heart,
butterfly that comes as lightly as love,
like two royal lips spread out on the sky.

When I look at your soft form stretched out,
your faithful dream where even the smiles are true,
body that seems to me a heap of ripened wheat,
golden harvest that sleeps on the ground like happiness . . .

Miro tu rostro de niña sonreír sin espanto,
mientras sobre la frente pasan nubes ligeras,
mientras tu piel siente a los pájaros altos
como plumas que tocan suavemente y sonríen.

Sí. Tú extendida no imitas un río detenido,
no imitas un lago en cuyo fondo al cabo el cielo descansa,
ni eres tampoco una dulce colina que ha nacido
cuando la luna dora lo suave de la tierra.

Extendido tu brazo que descansa en lo verde,
es quizás, sí, quizás un calor o llamada,
es un dulce resplandor que solamente de noche
corresponden con lunas o con los frescos luceros.

¿A quién llamas?
La tierra girando como suave cabeza
deja una estela o cabello de plata,
deja un rumor de voces o palabras queridas,
que las estrellas oyen como un agua enviada.

Todo el cristal de ti, o el amor,
todo el misterio que rueda sin saberte,
toda la dicha que consiste en decir a tu oído unas tiernas
    palabras,
mientras tu boca se rinde como un mar entreabierto.

I see your young face smiling without fear
while thin clouds pass before it,
and your skin feels the high-flying birds
like feathers that brush you gently and smile.

Yes. Lying down you never imitate a held back river,
nor a lake with the sky finally resting in its depths.
Nor are you a sweet hill that comes to life
whenever the moon makes the earth's softness shine.

Your arm that lies resting on the grass
could be, yes, it could be something warm, inviting,
a sweet light that blends with moons
or cool stars as the night comes on.

Who are you calling?
The earth turning like a slow head
leaves its wake or long, silver hair,
leaves a murmur of voices or beloved words
that the stars hear, like a water flowing out.

All of your crystal, or love,
all the mystery that rolls on unaware of you,
all the joy that comes of speaking gently in your ear
while your mouth surrenders like a half-open sea.

Di, ¿quién besa como las estrellas?,
¿quién siente en la nuca una luna acerada,
quién comprende que la luz es una tersa cuchilla
que parte en dos, mientras se besan unos amantes vivos?

Tell me: Who kisses like the stars?
Who feels a steely moon at the back of the neck?
Who understands that light is a shiny blade
that slices in two whenever earthly lovers kiss?

Part Three

MUNDO INHUMANO

Una mar. Una luna.
Un vacío sin horas bajo un cielo volado.
Un clamor que se escapa desoyendo la sangre.
Una luz al poniente ligera como el aire.

Todo vuela sin términos camino del oriente,
camino de los aires veloces para el seno.
Allí donde no hay pájaros, pero ruedan las nubes
aleves como espuma de un total océano.

Allí, allí, entre las claras dichas
de ese azul ignorado de los hombres mortales,
bate un mar que no es sangre,
un agua que no es yunque,
un verde o desvarío
de lo que se alza al cabo con sus alas extensas.

Allí no existe el hombre.
Altas águilas rozan su límite inhumano.
Plumas tibias se escapan de unas garras vacías,
y un sol que bate solo lejanamente envía
unas ondas doradas, pero nunca a los pulsos.

La luz, el oro, el carmen de matices palpita.
Un ramo o fuego se alza como un brazo de rosas.

NO MAN'S LAND

One sea. One moon.
An hourless emptiness under a sky that's flown off.
A cry that escapes, ignoring the blood's call.
A light in the west, thin like the air.

Everything flies endlessly to the east,
toward those winds too swift for the heart.
There, where there are no birds, but the clouds
roll as dangerously as a whole ocean of surf.

There, there in the clear joy
of the blue that mortal men know nothing about,
beats a sea that isn't blood,
a water that isn't an anvil,
a green or some madness
from that thing which finally rises on its long wings.

Man doesn't exist in that place.
High-flying eagles barely graze its inhuman limits.
Warm feathers escape from empty claws,
and a sun beats by itself in the distance, sending out
a few golden ripples, though never for our hearts.

It pulses — the light, the gold, the poem of colors.
A bouquet or flame rises like an arm made of roses.

Una mano no existe, pero ciñera el cielo
buscando ciegamente la turgencia rosada.

¡Inmensidad del aire! No hay una voz que clama.
Profundidad sin noche donde la vida es vida.
Donde la muerte escapa como muerte finita,
con un puño clamando contra los secos muros.

¡No!
El hombre está muy lejos. Alta pared de sangre.
El hombre grita sordo su corazón de bosque.
Su gotear de sangre, su pesada tristeza.
Cubierto por las telas de un cielo derrumbado
lejanamente el hombre contra un muro se seca.

TORMENTO DEL AMOR

Te amé, te amé, por tus ojos, tus labios, tu garganta, tu voz,
tu corazón encendido en violencia.
Te amé como a mi furia, mi destino furioso,
mi cerrazón sin alba, mi luna machacada.

Eras hermosa. Tenías ojos grandes.
Palomas grandes, veloces garras, altas águilas potentísimas . . .
Tenías esa plenitud por un cielo rutilante
donde el fragor de los mundos no es un beso en tu boca.

There isn't any hand, though it could grab the sky
and search blindly for the rose-colored swelling.

So much air! There's no voice that cries out.
A nightless depth where life is life.
Where death escapes like finite death,
with a clenched hand crying out against the dry walls.

No!
Man is a long way off. High wall of blood.
He cries out, muffled, his woodland heart.
His trail of blood, his heavy sadness.
Man dries up against a wall in the distance,
covered by the fabric of a fallen sky.

SUFFERING LOVE

I loved you, you — for your eyes, your lips, your throat and voice,
your heart burning with violence.
I loved you like my own madness, my unruly destiny,
my storm clouds that cover the dawn, my crushed moon.

You were beautiful.   Large eyes . . .
Huge doves, swift claws, such powerful, high-flying eagles . . .
You were all of these in a sky full of light
where the crashing of worlds isn't a kiss on your mouth.

Pero te amé como la luna ama la sangre,
como la luna busca la sangre de las venas,
como la luna suplanta a la sangre y recorre furiosa
las venas encendidas de amarillas pasiones.

No sé lo que es la muerte, si se besa la boca.
No sé lo que es morir. Yo no muero. Yo canto.
Canto muerto y podrido como un hueso brillante,
radiante ante la luna como un cristal purísimo.

Canto como la carne, como la dura piedra.
Canto tus dientes feroces sin palabras.
Canto su sola sombra, su tristísima sombra
sobre la dulce tierra donde un césped se amansa.

Nadie llora. No mires este rostro
donde las lágrimas no viven, no respiran.
No mires esta piedra, esta llama de hierro,
este cuerpo que resuena como una torre metálica.

Tenías cabellera, dulces rizos, miradas y mejillas.
Tenías brazos, y no ríos sin límite.
Tenías tu forma, tu frontera preciosa, tu dulce margen de carne
    estremecida.
Era tu corazón como alada bandera.

¡Pero tu sangre no, tu vida no, tu maldad no!
¿Quién soy yo que suplica a la luna mi muerte?

But I loved you the way the moon loves blood,
the way the moon hunts for blood in our veins,
the way the moon replaces the blood and rages
through its vessels inflamed with yellow passions.

I don't know what death is, if our mouths can be kissed.
I don't know what dying is. I'm not dying. I'm singing.
I sing, dead and rotted, like a lustrous bone,
shining before the moon like perfectly clear glass.

I sing like the flesh, like the enduring stone.
I sing of your ferocious and wordless teeth.
I sing of their lonely shadow, their sad, sad shadow
that falls across the earth's domesticated grass.

Nobody weeps. Don't look at this face
where the tears neither live nor breathe.
Don't look at this stone, this iron flame,
this body that echoes like a metal tower.

You had flowing hair, sweet curls, the eyes, the cheeks. . .
You had arms, not rivers without limits.
You had a shape, a precious boundary, the sweet outline of
    trembling flesh.
Your heart was like a flag with wings.

But I say no to your blood, your life, your wickedness!
Who am I to plead with the moon for my death?

¿Quién soy yo que resiste los vientos, que siente las heridas de
    sus frenéticos cuchillos,
que deja que le mojen su dibujo de mármol
como una dura estatua ensangrentada por la tormenta?

¿Quién soy yo que no escucho mi voz entre los truenos,
ni mi brazo de hueso con signo de relámpago,
ni la lluvia sangrienta que tiñe la yerba que ha nacido
entre mis pies mordidos por un río de dientes?

¿Quién soy, quién eres, quién te sabe?
¿A quién amo, oh tú, hermosa mortal,
amante reluciente, pecho radiante;
a quién, a quién amo, a qué sombra, a qué carne,
a qué podridos huesos que como flores me embriagan?

GUITARRA O LUNA

Guitarra como luna.
¿Es la luna o su sangre?
Es un mínimo corazón que ha escapado
y que sobre los bosques va dejando su azul música insomne.

Una voz o su sangre,
una pasión o su horror,
un pez o luna seca
que colea en la noche salpicando los valles.

Who am I to stand against the wind and feel its frantic knives
    cut into me
until they have dampened my silhouette
like a stony statue bloodied by the storm?

Who am I not to listen to my own voice in the thunder?
Nor to my bony arm marked by the lightning,
nor to the bloody rain that stains the grass born
around my feet, bitten by a river of teeth?

Who am I? Who are you? Who knows you?
Tell me who I love, my beautiful mortal,
shining lover, radiant heart.
Who, who do I love, what shadow, what flesh,
what rotten bones that leave me drunk, like flowers?

GUITAR OR MOON

A guitar like a moon.
Is it the moon or only its blood?
It's a tiny heart that's broken free
and goes over the woods trailing its blue, sleepless music.

A voice or its blood,
a passion or its terror,
a fish or a dry moon
that flops about at night, splashing the valleys.

Mano profunda o ira amenazada.
¿La luna es roja o amarilla?
No, no es un ojo inyectado en la furia
de presenciar los límites de la tierra pequeña.

Mano que por los cielos busca la misma vida,
busca los pulsos de un cielo desangrándose,
busca en las entrañas entre los viejos planetas
que extrañan la guitarra que se alumbra en la noche.

Pena, pena de un pecho que nadie define,
cuando las fieras sienten sus pelos erizados,
cuando se sienten empapadas en la luz fría
que les busca la piel como una mano quimérica.

EL AMOR IRACUNDO

¡Te amé, te amé!
Tenías ojos claros.
¿Por qué te amé?
Tenías grandes ojos.
Te amé como se ama a la luz furiosa del mediodía vibrante,
un estío que duele como un látigo rojo.

Te amé por tu cabello estéril,
por tus manos de piedra,
por tu cuerpo de yerba peinada por el viento,
por tu huella de lágrima sobre un barro reciente.

Strange hand or threatening anger.
Is the moon red or yellow?
No, it's not an eye bloodshot with rage
to see the edges of the tiny earth.

Hand that searches through the sky for life itself,
that searches for the heartbeat of a bleeding sky,
that searches in the bellies of the old planets
who miss the guitar that shines in the night.

Grief, grief of a breast no one can quite describe,
when wild animals feel their hair bristling,
when they feel themselves soaked in the cold light
that hunts for their skins like a monstrous hand.

LOVE ENRAGED

I loved you, I loved you!
Your clear eyes . . .
Why did I love you?
Your large eyes . . .
I loved you the way we love the noon's fierce, shimmering light,
a summer that stings like a red whip.

I loved you for your barren hair,
for your stone hands,
for your body made of grass combed by the wind,
for your tears trailed over the new clay.

Te amé como a la sombra,
como a la luz, como a los golpes que dan las puertas movidas
    por el trueno.
Como al duro relámpago que entre las manos duda
y alcanza nuestro pecho como un rudo destino.

Te amé, te amé, hermosísima, como a la inaccesible montaña
que alza su masa cruda contra un cielo perdido.
Allá no llegan pájaros, ni las nubes alcanzan
su muda cumbre fría que un volcán ha ignorado.

Te amé quizá más que nada como se ama al mar,
como a una playa toda viva ofrecida,
como a todas las arenas que palpitantemente
se alzan arrebatadas por un huracán sediento.

Te amé como al lecho calcáreo que deja el mar al huir,
como al profundo abismo donde se pudren los peces,
roca pelada donde sueña la muerte
un velo aliviador como un verde marino.

La luz eras tú; la ira, la sangre, la crueldad, la mentira
    eras tú.
Tú, la vida que cruje entre los huesos,
las flores que envían a puñados su aroma.
Las aves que penetran por los ojos y ciegan
al hombre que, desnudo sobre la tierra, mira.

I loved you like the darkness,
like the light, like the doors slammed by thunder.
Like the rough lightning that wavers in our hands
before it strikes our hearts like a rude fate.

I loved you, my beauty, I loved you like the unclimbable mountain
that sets its raw mass against a lost sky.
No birds come there, the clouds never reach
its silent, cold peak forgotten by a volcano.

Maybe more than anything I loved you as we love the sea,
or a beach offered up full of life,
or all the sands that rise, pulsing,
carried away by a thirsty hurricane.

I loved you like the chalky bed left by a fleeing sea,
like the deep canyon where fish rot away,
exposed rock where death is dreaming
of a veil as soothing as sea-water green.

You were light. You were anger, blood, cruelty, lies.
You, the life that rustles among bones,
the flowers that gave their fragrance away in handfuls.
The birds that blind a man, forcing themselves
into his eyes as he watches from the ground, naked.

Tú, la manada de gacelas, su sombra.
Tú el río meditabundo o su nombre y espuma.
Tú el león rugidor y su melena estéril,
su piafante garra que una carne ha adorado.

¡Te amo; te amé, te amé!
Te he amado.
Te amaré como el cuerpo que sin piel se desangra,
como la pura y última desollación de la carne
que alimenta los ríos que una ira enrojece.

NADIE

Pero yo sé que pueden confundirse
un pecho y una música, un corazón o un árbol en invierno.
Sé que el dulce ruido de la tierra crujiente,
el inoíble aullido de la noche,
lame los pies como la lengua seca
y dibuja un pesar sobre la piel dichosa.

¿Quién marcha? ¿Quién camina?

Atravesando ríos como panteras dormidas en la sombra;
atravesando follajes, hojas, céspedes vestidos,
divisando barcas perezosas o besos,
o limos o crujientes estrellas;
divisando peces estupefactos entre dos brillos últimos,
calamidades con forma de tristeza sellada,

You, the herd of gazelles, their shadow.
You the wise river or its name and froth.
You the roaring lion and his barren mane,
his restless claw adored by someone's flesh.

I love you! I loved you, you!
I have loved you.
I will love you the way the skinless body sheds its blood,
like the last, pure flaying of the flesh
that will feed the rivers gone red with anger.

NOBODY

But I know that a man's chest can be confused
with music, a heart, or a tree in winter.
I know that the sweet sound of the rustling earth,
the night's inaudible howl,
licks his feet like a dry tongue
and traces his joyful skin with grief.

Who's that? Who's walking away?

Crossing rivers like panthers asleep in the shade;
crossing thickets, leaves, ornamental lawns,
making out lazy boats or kisses
or clay pits or rustling stars;
discerning stupefied fish between the last two lights,
calamities in the shape of sadness sealed with wax,

labios mudos, extremos, veleidades de la sangre,
corazones marchitos como mujeres sucias,
como laberintos donde nadie encuentra su postrer ilusión,
su soledad sin aire,
su volada palabra;

atravesando los bosques, las ciudades, las penas,
la desesperación de tropezar siempre en el mar,
de beber de esa lágrima, de esa tremenda lágrima
en que un pie se humedece, pero que nunca acaricia;

rompiendo con la frente los ramajes nervudos,
la prohibición de seguir en nombre de la ley,
los torrentes de risa, de dientes o de ramos de cieno,
de palabras machacadas por unas muelas rotas;

limando con el cuerpo el límite del aire,
sintiendo sobre la carne las ramas tropicales,
los abrazos, las yerdas, los millones de labios,
esas ventosas últimas que hace el mundo besando,

un hombre brilla o rueda, un hombre yace o se yergue,
un hombre siente su pesada cabeza como azul enturbiado,
sus lágrimas ausentes como fuego rutilante,
y contempla los cielos como su mismo rostro,
como su sola altura que una palabra rechaza:
Nadie.

silent lips, extremes, the fickle blood,
hearts dried up like soiled women,
like labyrinths where no one meets his last illusion,
his airless loneliness,
his word on the wing;

crossing forests, cities, sorrows,
the despair of always stumbling on the sea,
of drinking from that tear, the tremendous tear
which never caresses, though it dampens a foot;
pushing his face through thick foliage,
how they forbid him to go on in the name of the law,
the peals of laughter, of teeth or branches made of mud,
of words chewed up by broken molars;

using his body to file down the limits of air,
feeling the tropical branches over his flesh,
the embraces, the ivy, lips by the million,
those last breathing-holes the world makes with kisses,

a man shines or rolls, a man lies down or stands,
a man feels his heavy head like a clouded blue,
his missing tears like a sparkling fire,
and he studies the heavens as if they were his own face
or his lonely height that a single word denies:
Nobody.

LOS CIELOS

En medio de los mares y en las altas esferas,
bajo los cauces hondos de la mar poderosa,
buscad la vida acaso como brillo inestable,
oscuridad profunda para un único pecho.

Acaso late el mundo bajo las aguas duras,
acaso hay sangre, acaso un débil corazón no las mueve.
Ellas pesan altísimas sobre un pecho con vida
que sueña azules cielos desfallecidamente.

Robusto el mar se eleva sin alas por amarte,
oh cielo gradual donde nadie ha vivido.
Robusto el mar despide sus espumas nerviosas
y proyecta sus claros, sus vibrantes luceros.
Robusto, enajenado, como un titán sostiene
todo un cielo o un pecho de un amor en los brazos.

Pero no. Claramente, altísimos, los cielos
no se mueven, no penden, no pesan, no gravitan.
Luminosos, sin tasa, como una mar no baten;
pero nunca sonríen ni resbalan. No vuelan.

Cielos para los ojos son alas con sus márgenes.
Son besos con sus labios, o pozos beso a beso.
Son masa para manos que repasan la vida,
dura como horizontes que palpitan con sangre.

THE SKIES

Go search the oceans and the far-off planets,
go under the deep bed of the powerful sea,
go and look for life, something like a wavering brilliance,
a thick darkness around a solitary heart.

Maybe the world pulses under the rough water,
maybe there's blood, maybe the waves aren't moved by a
    failing heart.
They weigh so heavily on the living breast
as it dreams faint dreams of blue skies.

The strong sea has risen without wings to love you,
oh gradual sky where no one has lived.
The strong sea releases its anxious waves
and loosens their light, their vibrating stars.
Vigorous, entranced, like a giant it holds
in its arms an entire sky or lover's breast.

But no. So high up, it's obvious the skies
neither move nor hang, they've no weight, no gravity.
Shining and measureless, they do not beat like an ocean;
but they never smile or slide. They don't fly.

For the eyes the skies are wings with edges.
They are kisses with lips, or wells kiss to kiss.
They are dough for hands that go over life
as hard as horizons that pulse with blood.

Son ese triste oído donde remotamente
gime el mundo encerrado en aire, en puro aire.
Pero los dulces vidrios que otros labios repasan
dan su frío de vida, de muerte entre los soles.

Lo sé. Para los fuegos inhumanos, cristales
encierran sólo músculos, corazones sin nadie.
Son soles o son lunas. Su nombre nada importa.
Son luz o nieve o muerte para los yertos hombres.

They are that sad ear where the world is howling
from a distance, enclosed in air, pure air.
But the sweet windowpanes some other lips pass over
give off their lively or deadly cold between the suns.

I know it. As for the inhuman fires,
windows just enclose muscles, hearts without people.
They are suns or moons. Their name doesn't matter.
They are light or snow or death for the men who do not move.